FULL SCORE

WSJ-19-007
＜吹奏楽J-POP楽譜＞

正解 / RADWIMPS

野田洋次郎　作曲
郷間幹男　編曲

楽器編成表		
木管楽器	金管・弦楽器	打楽器・その他
Piccolo	B♭ Trumpet 1	Drums
Flutes 1 (& *2)	B♭ Trumpet 2	Timpani
*Oboe	*B♭ Trumpet 3	Percussion 1
*Bassoon	F Horns 1 (& *2)	...Sus.Cymbal
*E♭ Clarinet	F Horns 3 (& *4)	Percussion 2
B♭ Clarinet 1	Trombone 1	...Wind Chime, Sleigh Bell,
B♭ Clarinet 2	Trombone 2	Tambourine
*B♭ Clarinet 3	*Trombone 3	Percussion 3
*Alto Clarinet	Euphonium	...Glockenspiel
Bass Clarinet	Tuba	
Alto Saxophone 1	Electric Bass	
*Alto Saxophone 2	(String Bass) ※パート譜のみ	Full Score
Tenor Saxophone		
Baritone Saxophone		

＊イタリック表記の楽譜はオプション

ご注文について

ウィンズスコアの商品は全国の楽器店、CDショップ等にお届けになりますが、店頭でのご購入が困難な場合、当社PCまたはパソコンサイト・電話からのご注文で、直接ご購入が可能です。

◎当社PCサイトでのご注文方法

http://www.winds-score.com
上記のURLへアクセスし、WEBショップよりご注文ください。

◎電話でのご注文方法

TEL. 0120-713-771
営業時間内にお電話いただければ、電話にてご注文を承ります。

◎モバイルサイトでのご注文方法
右のQRコードを読み取ってアクセスいただくか、
URLを直接ご入力ください。

※この出版物の全部または一部を無断で複製または無断で複写（コピー）することは、著作権の侵害にあたり、著作権法で罰せられます。

※落本丁は十分注意しておりますが、万一落丁・乱丁のものがありましたらお取替え致します。
また、ご意見ご感想もホームページにて受け付けておりますので、お気軽にお問い合わせください。

LOVE THE ORIGINAL
（楽譜のコピーは厳禁です！）

Timpani

正解
RADWIMPS

野田洋次郎　作曲
郷間幹男　編曲

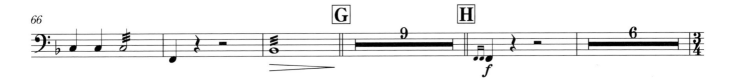

MEMO

Drums

正解
RADWIMPS

野田洋次郎 作曲
郷間幹男 編曲

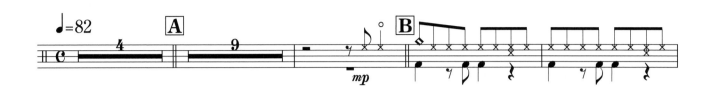

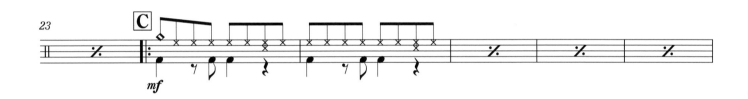

Tuba

正解
RADWIMPS

野田洋次郎 作曲
郷間幹男 編曲

Euphonium

正解
RADWIMPS

野田洋次郎 作曲
郷間幹男 編曲

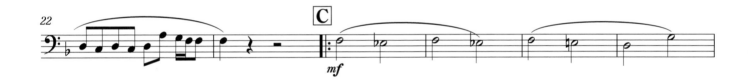

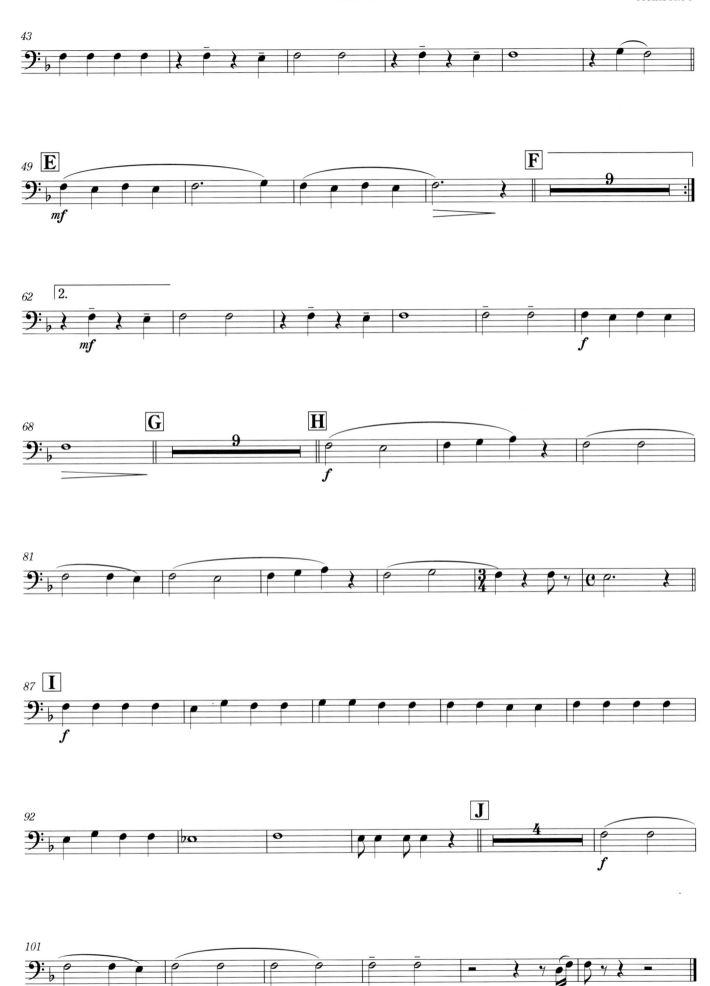

Trombone 3

正解
RADWIMPS

野田洋次郎 作曲
郷間幹男 編曲

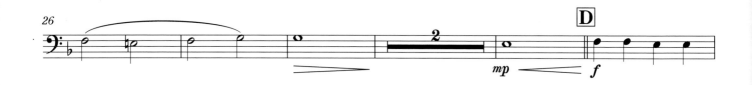

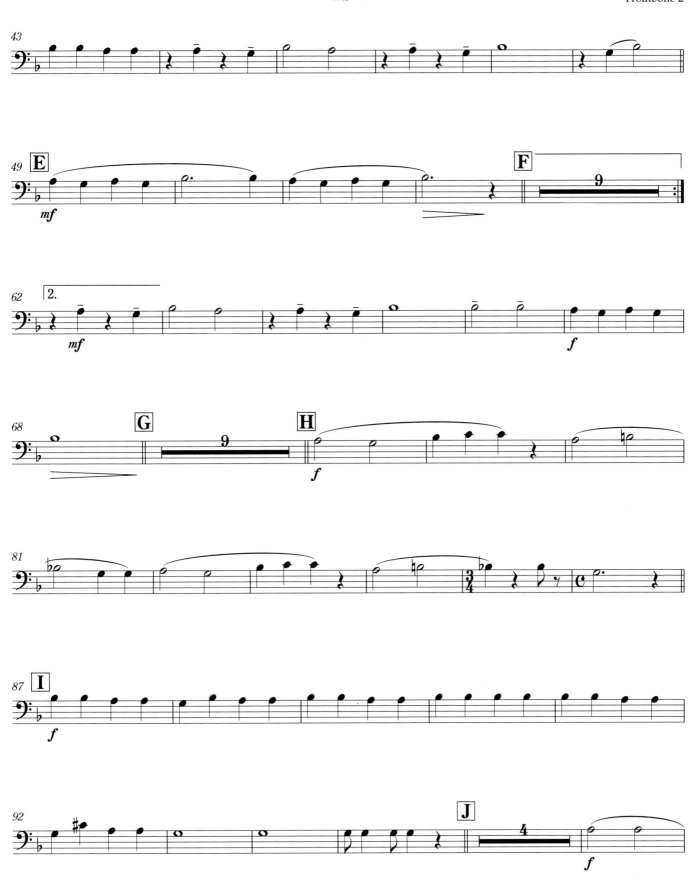

Trombone 2

正解
RADWIMPS

野田洋次郎 作曲
郷間幹男 編曲

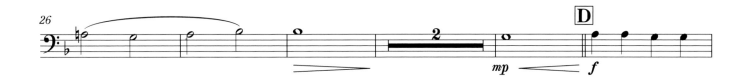

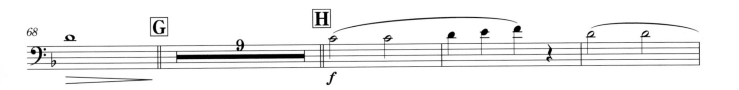

Trombone 1

正解
RADWIMPS

野田洋次郎 作曲
郷間幹男 編曲

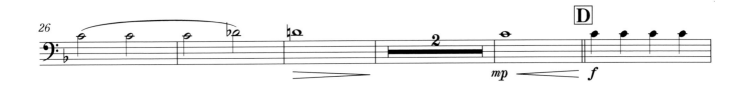

F Horns 3&4

正解
RADWIMPS

野田洋次郎 作曲
郷間幹男 編曲

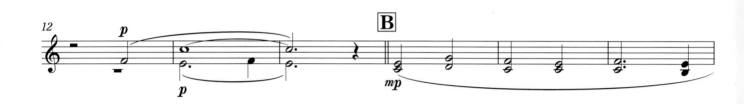

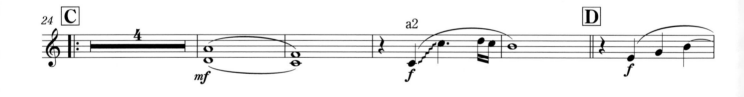

F Horns 1&2

正解
RADWIMPS

野田洋次郎 作曲
郷間幹男 編曲

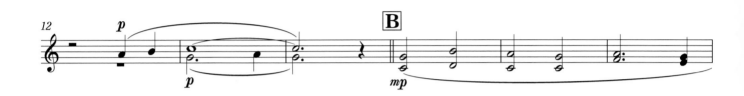

MEMO

B♭ Trumpet 3

正解
RADWIMPS

野田洋次郎 作曲
郷間幹男 編曲

正解
RADWIMPS

Bb Trumpet 1

野田洋次郎 作曲
郷間幹男 編曲

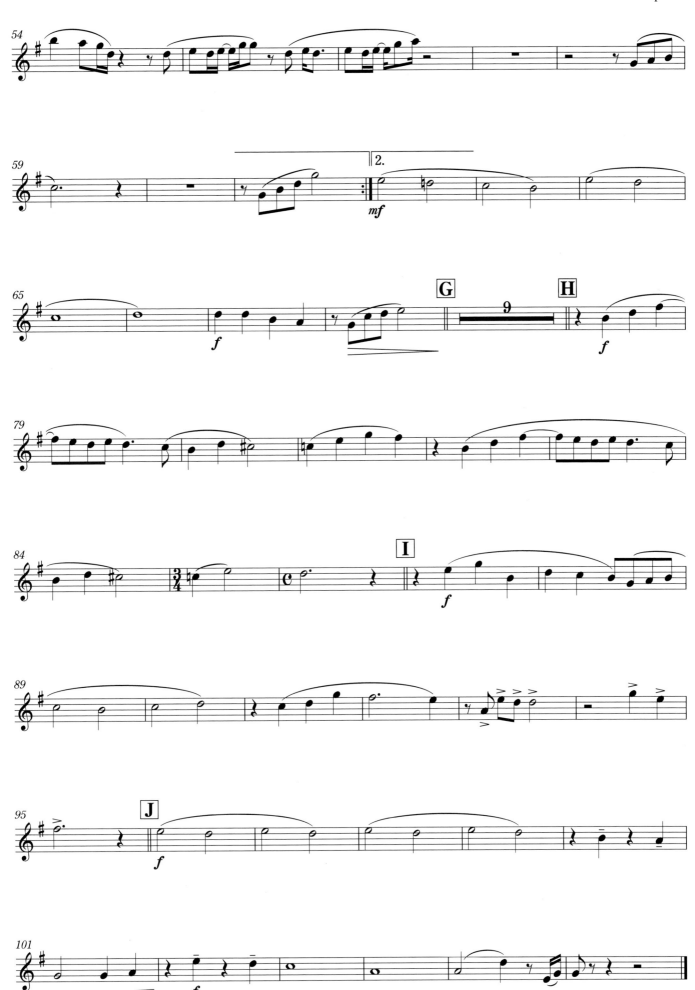

Tenor Saxophone

正解
RADWIMPS

野田洋次郎 作曲
郷間幹男 編曲

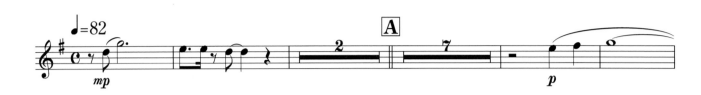

Alto Saxophone 2

正解
RADWIMPS

野田洋次郎 作曲
郷間幹男 編曲

Alto Saxophone 1

正解
RADWIMPS

野田洋次郎 作曲
郷間幹男 編曲

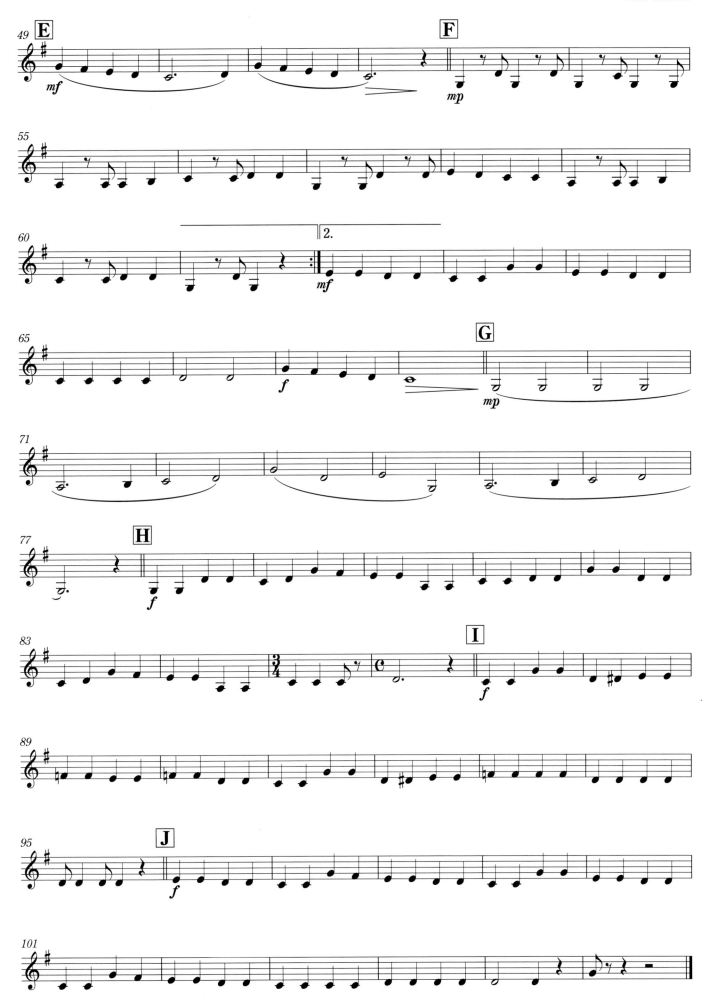

Bass Clarinet

正解
RADWIMPS

野田洋次郎 作曲
郷間幹男 編曲

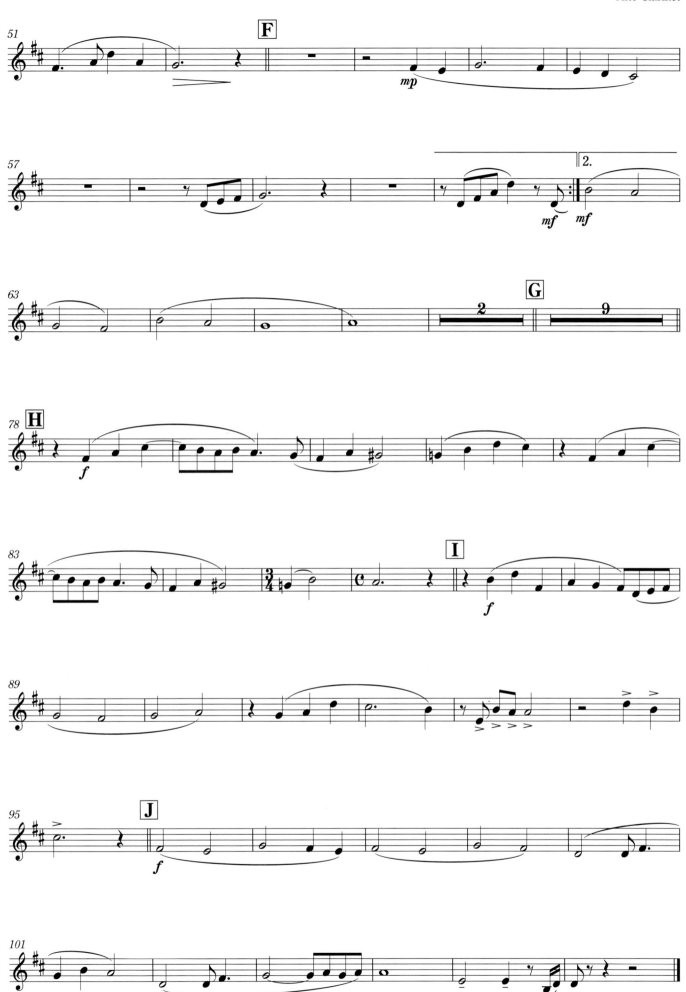

Alto Clarinet

正解
RADWIMPS

野田洋次郎 作曲
郷間幹男 編曲

B♭ Clarinet 1

正解
RADWIMPS

野田洋次郎 作曲
郷間幹男 編曲

E♭ Clarinet

正解
RADWIMPS

野田洋次郎 作曲
郷間幹男 編曲

Bassoon

正解
RADWIMPS

野田洋次郎 作曲
郷間幹男 編曲

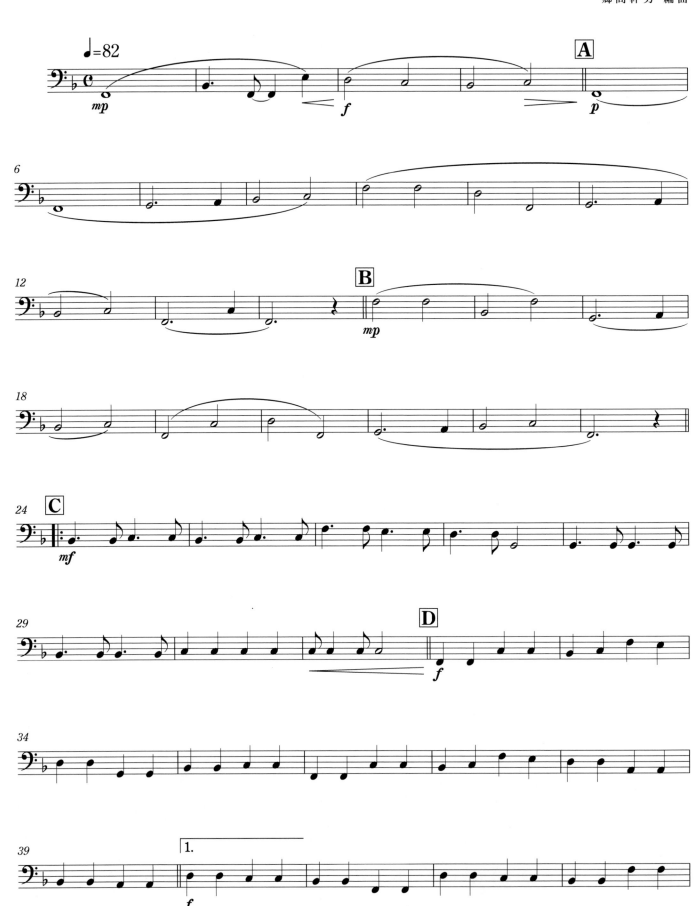

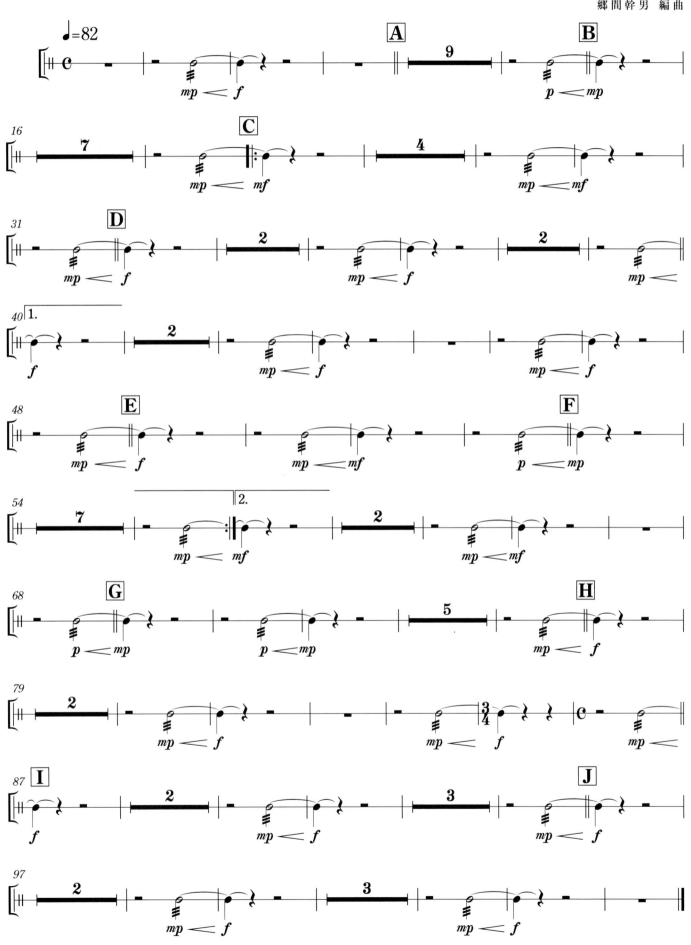

正解
RADWIMPS

Percussion 2
Wind Chime, Sleigh Bell, Tambourine

野田洋次郎 作曲
郷間幹男 編曲

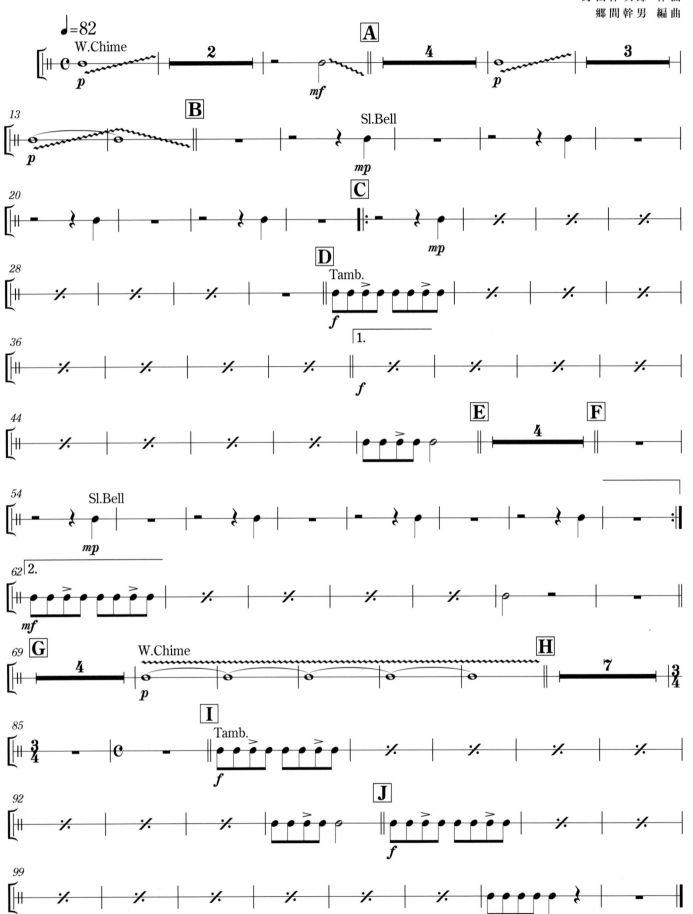

Percussion 3
Glockenspiel

正解
RADWIMPS

野田洋次郎 作曲
郷間幹男 編曲

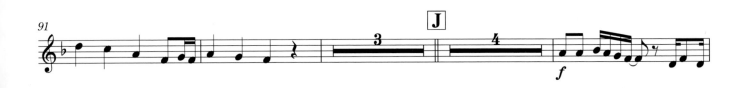